Avventure in Due Lingue: Storie Bilingue Inglese-Italiano per Bambini

Artici English

Published by Artici English, 2024.

While every precaution has been taken in the preparation of this book, the publisher assumes no responsibility for errors or omissions, or for damages resulting from the use of the information contained herein.

AVVENTURE IN DUE LINGUE: STORIE BILINGUE INGLESE-ITALIANO PER BAMBINI

First edition. June 6, 2024.

Copyright © 2024 Artici English.

ISBN: 979-8227143853

Written by Artici English.

Table of Contents

Captain Cheeky and the Treasure of Tidal Cove........................... 1

Capitan Scherzoso e il Tesoro della Baia delle Maree................... 3

Ellie's Extraordinary Expedition..7

L'Eccezionale Avventura di Elli..11

Larry the Lyrical Llama..15

Lario, la Llama Lirica...17

Percy the Playful Panda..19

Percy, il Panda Giocherellone..23

Dazzle the Daring Dolphin..27

Dazzle il Delfino Audace...31

Oswald the Wise Owl..35

Oswald il Gufo Saggio..39

Astro Andy's Galactic Adventure..43

L'avventura galattica di Astro Andrea..................................47

The Mysterious Case of the Missing Keys................................51

Il Misterioso Caso delle Chiavi Smarrite...............................55

Danny the Dragon's Daring Adventure....................................59

L'Audace Avventura di Danny il Drago...................................63

Captain Cheeky and the Treasure of Tidal Cove

Once upon a time, in the bustling seaside town of Tidal Cove, there lived a pirate like no other. His name was Captain Cheeky, and he was renowned throughout the seven seas for his mischievous grin and his love for adventure. Captain Cheeky wasn't your typical fearsome pirate; instead, he was known for his playful antics and his fondness for a good laugh.

Now, Tidal Cove was a place of great mystery, with whispers of hidden treasure buried beneath its sandy shores. Many had searched for it, but none had succeeded. However, Captain Cheeky wasn't one to shy away from a challenge. With his loyal crew of merry misfits by his side, he set sail on his trusty ship, the Jolly Sea Slug, determined to uncover the secrets of Tidal Cove.

As they sailed across the glittering waves, Captain Cheeky regaled his crew with tales of daring escapades and improbable feats. His stories were filled with colorful characters and outlandish adventures, each more fantastical than the last. The crew hung on his every word, their eyes wide with wonder as they imagined the treasures that awaited them.

Finally, they arrived at Tidal Cove, greeted by the sound of crashing waves and the salty sea breeze. Without hesitation, Captain Cheeky leaped onto the shore, his crew following close behind. They combed the beaches, digging up sand and turning over rocks in search of the elusive treasure.

Hours turned into days, and still, they found nothing. But Captain Cheeky refused to give up hope. He knew that fortune favored the bold, and he was determined to prove that with a little bit of cheekiness and a lot of perseverance, anything was possible.

Just when they were about to lose heart, a glimmer caught Captain Cheeky's eye. Buried beneath a pile of seaweed was a small chest, weathered by time but still intact. With trembling hands, Captain Cheeky lifted the lid, revealing a treasure beyond their wildest dreams.

Gold coins sparkled in the sunlight, jewels gleamed like stars in the night sky, and artifacts from distant lands whispered tales of ancient civilizations. The crew gasped in awe, their eyes wide with disbelief. They had found the treasure of Tidal Cove, and it was more magnificent than they could have ever imagined.

But as they celebrated their victory, Captain Cheeky couldn't help but feel a pang of sadness. For he knew that the true treasure wasn't the gold or the jewels, but the journey itself and the friends he had made along the way.

And so, as they set sail once more, Captain Cheeky vowed to cherish each moment, knowing that the greatest adventures were the ones shared with those you love. And as they disappeared over the horizon, their laughter echoed across the waves, a testament to the enduring spirit of Captain Cheeky and his merry crew.

The end.

Capitan Scherzoso e il Tesoro della Baia delle Maree

C'era una volta, nella vivace cittadina marittima di Baia delle Maree, viveva un pirata come nessun altro. Il suo nome era Capitan Scherzoso, e era rinomato in tutto il mare per il suo sorriso birichino e il suo amore per l'avventura. Capitan Scherzoso non era il tipico pirata temibile; piuttosto, era conosciuto per i suoi scherzi giocosi e la sua predilezione per una buona risata.

Ora, Baia delle Maree era un luogo di grande mistero, con sussurri di tesori nascosti sepolti sotto le sue sabbiose rive. Molti avevano cercato, ma nessuno aveva avuto successo. Tuttavia, Capitan Scherzoso non era uno che si tirava indietro da una sfida. Con la sua leale ciurma di allegri emarginati al suo fianco, salpò sulla sua affidabile nave, il Jolly Sea Slug, determinato a scoprire i segreti di Baia delle Maree.

Mentre navigavano attraverso le onde scintillanti, Capitan Scherzoso intratteneva la sua ciurma con racconti di audaci imprese e imprese improbabili. Le sue storie erano piene di personaggi colorati e avventure stravaganti, ognuna più fantasiosa dell'altra. La ciurma pendeva dalle sue labbra, gli occhi spalancati di meraviglia mentre immaginavano i tesori che li attendevano.

Finalmente, arrivarono a Baia delle Maree, accolti dal suono delle onde che si infrangevano e dalla brezza marina salata. Senza esitazione, Capitan Scherzoso saltò sulla riva, la sua ciurma che lo seguiva da vicino. Esplorarono le spiagge, scavando nella sabbia e rovesciando rocce alla ricerca del tesoro sfuggente.

Le ore si trasformarono in giorni e ancora non trovarono nulla. Ma Capitan Scherzoso rifiutò di perdere la speranza. Sapeva che la fortuna favoriva gli audaci, e era determinato a dimostrare che con un pizzico di birichineria e molta perseveranza, tutto era possibile.

Proprio quando stavano per perdere il cuore, un bagliore colse l'occhio di Capitan Scherzoso. Sepolto sotto un mucchio di alghe c'era un piccolo scrigno, consumato dal tempo ma ancora intatto. Con mani tremanti, Capitan Scherzoso sollevò il coperchio, rivelando un tesoro al di là dei loro sogni più sfrenati.

Le monete d'oro scintillavano alla luce del sole, i gioielli brillavano come stelle nel cielo notturno e gli artefatti provenienti da terre lontane sussurravano racconti di civiltà antiche. La ciurma tirò un sospiro di meraviglia, gli occhi spalancati per la sorpresa. Avevano trovato il tesoro di Baia delle Maree, ed era più magnifico di quanto avessero mai potuto immaginare.

Ma mentre celebravano la loro vittoria, Capitan Scherzoso non poté fare a meno di provare un pizzico di tristezza. Perché sapeva che il vero tesoro non erano l'oro o i gioielli, ma il viaggio stesso e gli amici che aveva fatto lungo il cammino.

E così, mentre salpavano ancora una volta, Capitan Scherzoso giurò di apprezzare ogni momento, sapendo che le più grandi avventure erano quelle condivise con coloro che ami. E mentre sparivano all'orizzonte, le loro risate echeggiavano attraverso le onde, testimonianza dello spirito durevole di Capitan Scherzoso e della sua allegra ciurma.

La fine.

Ellie's Extraordinary Expedition

In the heart of the African savanna, where the sun painted the sky with hues of orange and pink, there lived an elephant named Ellie. Now, Ellie wasn't your ordinary elephant. She was extraordinary in every way. While her fellow elephants spent their days grazing and splashing in the watering hole, Ellie dreamed of grand adventures and distant lands.

One sunny morning, as Ellie ambled through the tall grass, she stumbled upon a weathered map tucked beneath a thorn bush. With her curiosity piqued, Ellie unfurled the map with her trunk, revealing intricate markings and mysterious symbols. It was a map to the fabled Land of the Golden Peanuts, a place whispered about in bedtime tales and whispered legends.

Determined to uncover the truth behind the legend, Ellie embarked on an expedition like no other. She gathered her courage, packed her trunk with snacks, and set off into the unknown, her heart pounding with excitement.

Along the way, Ellie encountered a colorful cast of characters, from mischievous monkeys swinging through the trees to chatty parrots perched on branches. Each one offered a clue or a piece of advice, guiding Ellie ever closer to her destination.

As she journeyed through dense jungles and across roaring rivers, Ellie faced countless challenges and obstacles. But she refused to give up, drawing strength from the thought of the golden peanuts waiting for her at the journey's end.

Finally, after many days of travel, Ellie reached the edge of the savanna and beheld a sight that took her breath away. Before her stretched a vast expanse of golden sand dunes, shimmering in the sunlight like a sea of molten gold. And at the center of it all stood the fabled Land of the Golden Peanuts, its gates adorned with intricate carvings and sparkling gemstones.

With a triumphant trumpet, Ellie marched through the gates and into the heart of the land. Everywhere she looked, she saw peanuts of every shape and size, glinting in the sunlight like precious jewels. It was more beautiful than she could have ever imagined.

But as Ellie feasted on the golden peanuts, she realized that the true treasure wasn't the wealth or the riches, but the journey itself and the friends she had made along the way. And so, with a heart full of gratitude and a trunk full of memories, Ellie bid farewell to the Land of the Golden Peanuts and set off on her journey home.

As she trudged through the savanna, the setting sun casting a warm glow over the land, Ellie knew that she would never forget her extraordinary expedition. And though she may never find another treasure as grand as the golden peanuts, she knew that she would always cherish the adventure and the friends she had made along the way.

And so, with a contented sigh, Ellie continued on her way, her spirit soaring as high as the African sky.

The end.

L'Eccezionale Avventura di Elli

Nel cuore della savana africana, dove il sole dipingeva il cielo con sfumature di arancione e rosa, viveva un'elefante di nome Elli. Ora, Elli non era un elefante ordinario. Era straordinaria in ogni modo. Mentre i suoi compagni elefanti passavano le giornate pascolando e schizzando nell'abbeveratoio, Elli sognava di grandi avventure e terre lontane.

Una mattina soleggiata, mentre Elli camminava tra l'erba alta, inciampò in una mappa logora nascosta sotto un cespuglio spinoso. Con la sua curiosità stimolata, Elli srotolò la mappa con il suo proboscide, rivelando segni intricati e simboli misteriosi. Era una mappa della favolosa Terra delle Arachidi d'Oro, un luogo di cui si sussurrava nelle storie della buonanotte e nelle leggende sussurrate.

Determinata a scoprire la verità dietro la leggenda, Elli intraprese una spedizione come nessun'altra. Raccolse il coraggio, riempì il suo proboscide con gli spuntini e si mise in viaggio verso l'ignoto, il suo cuore pulsante d'emozione.

lungo il cammino, Elli incontrò una variegata serie di personaggi, dalle scimmie birichine che si arrampicavano sugli alberi ai pappagalli chiacchieroni appollaiati sui rami. Ognuno di loro offrì un indizio o un consiglio, guidando Elli sempre più vicino alla sua destinazione.

Mentre viaggiava attraverso fitte giungle e fiumi impetuosi, Elli affrontò innumerevoli sfide e ostacoli. Ma si rifiutò di arrendersi, trarre forza dal pensiero delle arachidi d'oro che l'attendevano alla fine del viaggio.

Finalmente, dopo molti giorni di viaggio, Elli raggiunse il limite della savana e vide una vista che le tolse il fiato. Davanti a lei si estendeva una vasta distesa di dune di sabbia dorata, che scintillavano al sole come un mare di oro fuso. E al centro di tutto ciò si ergeva la favolosa Terra delle Arachidi d'Oro, le cui porte erano adornate da intagli intricati e gemme scintillanti.

Con un trionfante suono di tromba, Elli attraversò le porte e si addentrò nel cuore della terra. Ovunque guardasse, vedeva arachidi di ogni forma e dimensione, che scintillavano al sole come gioielli preziosi. Era più bello di quanto avesse mai potuto immaginare.

Ma mentre Elli si abbandonava alle arachidi d'oro, si rese conto che il vero tesoro non era la ricchezza o le ricchezze, ma il viaggio stesso e gli amici che aveva fatto lungo il cammino. E così, con un cuore pieno di gratitudine e un proboscide pieno di ricordi, Elli disse addio alla Terra delle Arachidi d'Oro e si mise in viaggio verso casa.

Mentre camminava attraverso la savana, il sole che tramontava gettava un bagliore caldo sulla terra, Elli sapeva che non avrebbe mai dimenticato la sua eccezionale avventura. E anche se potrebbe non trovare mai un altro tesoro grande come le arachidi d'oro, sapeva che avrebbe sempre apprezzato l'avventura e gli amici che aveva fatto lungo il cammino.

E così, con un sospiro di contentezza, Elli continuò il suo cammino, il suo spirito volando alto come il cielo africano.

La fine.

13

Larry the Lyrical Llama

In the picturesque countryside of Peru, where the mountains kissed the sky and the valleys bloomed with vibrant flowers, there lived a llama named Larry. Now, Larry wasn't your average llama. While his fellow llamas spent their days munching on grass and soaking up the sun, Larry had a talent that set him apart—he could sing!

From the moment he was born, Larry's melodic voice filled the air, enchanting all who heard it. His songs were sweet and soulful, echoing through the valleys and dancing on the breeze. And though his fellow llamas were puzzled by his peculiar talent, they couldn't help but be drawn to his enchanting melodies.

Larry's singing soon caught the attention of the local villagers, who traveled from far and wide to hear him perform. They would gather around his field, their faces lighting up with joy as Larry serenaded them with his songs. And as his fame spread, Larry dreamed of sharing his gift with the world.

One day, as Larry was grazing in his field, he received an unexpected visitor—a talent scout from the big city. The talent scout had heard rumors of a singing llama in the countryside and had come to see if they were true. And when he heard Larry's heavenly voice, he knew he had struck gold.

Without hesitation, the talent scout whisked Larry away to the bustling metropolis, where he was thrust into the glitzy world of showbiz. Larry found himself surrounded by bright lights and adoring fans, his songs filling stadiums and topping the charts.

But amidst all the fame and fortune, Larry couldn't shake the feeling that something was missing. He longed for the simple pleasures of his countryside home—the crisp mountain air, the gentle rustle of the wind, and the company of his fellow llamas.

So one day, when the pressure of fame became too much to bear, Larry made a decision. He bid farewell to the glamorous world of showbiz and returned to the tranquil countryside of Peru, where he could sing to his heart's content without the pressures of fame and fortune.

And as Larry stood in his field, surrounded by the majestic mountains and the colorful flowers, he realized that he had everything he ever needed right there beside him. For true happiness, he discovered, couldn't be found in the bright lights of the city, but in the simple joys of home and the love of those who cared for him.

And so, with a song in his heart and a smile on his face, Larry the Lyrical Llama lived out the rest of his days in peace and contentment, sharing his beautiful music with all who cared to listen.

The end.

Lario, la Llama Lirica

Nel pittoresco entroterra del Perù, dove le montagne baciavano il cielo e le valli fiorivano di fiori vibranti, viveva una llama di nome Lario. Ora, Lario non era una llama qualunque. Mentre le sue compagne llame trascorrevano le giornate brucando l'erba e godendosi il sole, Lario aveva un talento che lo distingueva: sapeva cantare!

Dal momento della sua nascita, la voce melodiosa di Lario riempiva l'aria, incantando tutti coloro che l'ascoltavano. Le sue canzoni erano dolci e profonde, echeggiavano tra le valli e danzavano sulla brezza. E sebbene le sue compagne llame fossero perplesse per il suo talento peculiare, non potevano fare a meno di essere attratte dalle sue melodie incantevoli.

Presto il canto di Lario attirò l'attenzione degli abitanti del villaggio, che viaggiavano da lontano per ascoltarlo esibirsi. Si radunavano intorno al suo campo, con il viso illuminato di gioia mentre Lario li serenava con le sue canzoni. E mentre la sua fama si diffondeva, Lario sognava di condividere il suo dono con il mondo intero.

Un giorno, mentre Lario pascolava nel suo campo, ricevette una visita inaspettata: un talent scout proveniente dalla grande città. Il talent scout aveva sentito voci di una llama cantante nella campagna e era venuto a vedere se fossero vere. E quando sentì la voce celestiale di Lario, capì di aver colpito il jackpot.

Senza esitazione, il talent scout portò via Lario alla frenetica metropoli, dove fu catapultato nel luccicante mondo dello spettacolo. Lario si ritrovò circondato da luci abbaglianti e fan adoranti, le sue canzoni riempiendo stadi e primeggiando nelle classifiche.

Ma in mezzo a tutta la fama e la fortuna, Lario non riusciva a scrollarsi di dosso il senso di vuoto. Sentiva la mancanza dei semplici piaceri della sua casa di campagna: l'aria fresca delle montagne, il dolce fruscio del vento e la compagnia delle sue compagne llame.

Così un giorno, quando la pressione della fama divenne insopportabile, Lario prese una decisione. Si congedò dal glamour del mondo dello spettacolo e tornò alla tranquilla campagna del Perù, dove poteva cantare con tutto il cuore senza le pressioni della fama e della fortuna.

E mentre Lario si trovava nel suo campo, circondato dalle maestose montagne e dai fiori colorati, si rese conto che aveva tutto ciò di cui aveva mai avuto bisogno lì accanto a lui. Perché la vera felicità, scoprì, non poteva essere trovata tra le luci abbaglianti della città, ma nelle gioie semplici della casa e nell'amore di coloro che si prendevano cura di lui.

E così, con una canzone nel cuore e un sorriso sul viso, Lario la Llama Lirica visse il resto dei suoi giorni in pace e contentezza, condividendo la sua musica meravigliosa con tutti coloro che volevano ascoltarla.

La fine.

Percy the Playful Panda

In the lush bamboo forests of China, where the air was thick with the scent of greenery and the trees whispered secrets to the wind, there lived a panda named Percy. Now, Percy wasn't your typical panda. While his fellow pandas spent their days munching on bamboo and lounging in the shade, Percy had a mischievous streak that set him apart—he loved to play!

From the moment he was old enough to roll and tumble, Percy was always on the lookout for fun and adventure. His playful antics brought laughter and joy to all who knew him, and he quickly became known as the most playful panda in all of China.

But Percy's love for play often got him into trouble. He would climb trees, swing from branches, and splash in the streams, leaving a trail of chaos in his wake. His poor mother, Mrs. Pang, would sigh and shake her head, wondering what mischief her son would get into next.

One sunny morning, as Percy frolicked through the forest, he stumbled upon a group of baby animals playing in a clearing. There were baby monkeys swinging from vines, baby birds chirping in the trees, and baby rabbits hopping through the grass. Percy's eyes lit up with delight, and he bounded into the clearing to join in the fun.

But as Percy tried to play with the other animals, he quickly realized that he didn't quite fit in. His size and strength made him too rough for the delicate baby birds, and his clumsiness sent the baby rabbits scurrying for cover. Percy's heart sank as he watched the other animals play together, feeling left out and alone.

Determined to find a way to join in the fun, Percy set off into the forest in search of adventure. He climbed trees, splashed in streams, and leaped over fallen logs, his spirits soaring with each new discovery. And as he explored the forest, he stumbled upon a hidden glade, where a group of baby pandas were playing together.

With a joyful cry, Percy bounded into the glade, his heart bursting with excitement. The baby pandas looked up in surprise, but instead of shying away, they welcomed Percy with open arms. They tumbled and frolicked together, their laughter echoing through the forest as they played.

From that day on, Percy had a new group of friends to play with. Together, they explored every corner of the forest, their days filled with laughter and adventure. And as Percy raced through the trees, his heart overflowed with happiness, knowing that he had finally found where he belonged.

And though Percy's love for play still got him into the occasional scrape, his friends were always there to help him out, their bonds of friendship growing stronger with each passing day. And as the sun set over the bamboo forest, casting a warm glow over the land, Percy knew that he was the luckiest panda in all of China, for he had found not only friends, but a family who loved him just the way he was.

The end.

Percy, il Panda Giocherellone

Nelle fitte foreste di bambù della Cina, dove l'aria era densa del profumo di vegetazione e gli alberi sussurravano segreti al vento, viveva un panda di nome Percy. Ora, Percy non era un panda comune. Mentre i suoi simili passavano le giornate brucando il bambù e riposando all'ombra, Percy aveva un'inclinazione birichina che lo distingueva: amava giocare!

Fin dal momento in cui fu abbastanza grande da rotolare e saltellare, Percy era sempre in cerca di divertimento e avventura. Le sue buffonate giocose portavano risate e gioia a tutti coloro che lo conoscevano, e presto divenne noto come il panda più giocoso di tutta la Cina.

Ma l'amore di Percy per il gioco spesso lo metteva nei guai. Si arrampicava sugli alberi, si dondolava tra i rami e schizzava nei ruscelli, lasciando dietro di sé un sentiero di caos. La povera madre, la signora Pang, sospirava e scuoteva la testa, chiedendosi quale dispetto suo figlio avrebbe combinato questa volta.

Una mattina soleggiata, mentre Percy saltellava attraverso la foresta, si imbatté in un gruppo di animali neonati che giocavano in una radura. C'erano piccole scimmie che si dondolavano dalle liane, piccoli uccelli che cinguettavano tra gli alberi e piccoli conigli che saltellavano tra l'erba. Gli occhi di Percy si illuminarono di gioia, e balzò nella radura per unirsi al divertimento.

Ma mentre Percy cercava di giocare con gli altri animali, si rese rapidamente conto che non si integrava del tutto. La sua taglia e la sua forza lo rendevano troppo rozzo per i delicati piccoli uccelli, e la sua goffaggine faceva scappare via i piccoli conigli. Il cuore di Percy affondò mentre guardava gli altri animali giocare insieme, sentendosi escluso e solo.

Deciso a trovare un modo per unirsi al divertimento, Percy si avventurò nella foresta in cerca di avventura. Si arrampicò sugli alberi, schizzò nei ruscelli e saltò sopra i tronchi caduti, il suo spirito alzandosi con ogni nuova scoperta. E mentre esplorava la foresta, si imbatté in una radura nascosta, dove un gruppo di panda neonati giocava insieme.

Con un grido gioioso, Percy balzò nella radura, il cuore pieno di eccitazione. I panda neonati alzarono gli occhi con sorpresa, ma invece di tirarsi indietro, accolsero Percy a braccia aperte. Rotolarono e saltellavano insieme, le loro risate echeggiavano attraverso la foresta mentre giocavano.

Da quel giorno in poi, Percy ebbe un nuovo gruppo di amici con cui giocare. Insieme, esplorarono ogni angolo della foresta, le loro giornate riempite di risate e avventure. E mentre Percy correva tra gli alberi, il suo cuore traboccava di felicità, sapendo che aveva finalmente trovato il suo posto nel mondo.

E anche se l'amore di Percy per il gioco ancora lo metteva occasionalmente nei guai, i suoi amici erano sempre lì per aiutarlo, i legami di amicizia che si rafforzavano ogni giorno di più. E mentre il sole tramontava sulle foreste di bambù, gettando un bagliore caldo sulla terra, Percy sapeva di essere il panda più fortunato di tutta la Cina, perché aveva trovato non solo amici, ma una famiglia che lo amava esattamente come era.

La fine.   25

Dazzle the Daring Dolphin

In the sparkling waters of the Caribbean Sea, where the sun danced on the waves and the coral reefs teemed with life, there lived a dolphin named Dazzle. Now, Dazzle wasn't your ordinary dolphin. While his pod spent their days gracefully gliding through the ocean and hunting for fish, Dazzle had a daring spirit that set him apart—he loved to explore!

From the moment he was born, Dazzle was drawn to the mysteries of the deep. While his pod played it safe in familiar waters, Dazzle ventured further and further from the safety of the reef, eager to discover what lay beyond the horizon. His daring escapades often left his family shaking their heads in exasperation, but Dazzle paid them no mind. He was determined to chart his own course and see the world beyond the shimmering surface.

One sunny morning, as Dazzle frolicked in the waves, he spotted something glinting in the distance. Intrigued, he swam closer, his heart racing with excitement. To his delight, he discovered a sunken shipwreck nestled on the ocean floor, its timbers draped in seaweed and its hull home to a colorful array of sea creatures.

Without hesitation, Dazzle dove into the wreck, his curiosity driving him deeper and deeper into its darkened corridors. He explored every nook and cranny, his heart pounding with each new discovery. From hidden treasure chests to forgotten artifacts, the shipwreck held a treasure trove of secrets waiting to be uncovered.

But as Dazzle delved deeper into the wreck, he soon realized that he wasn't alone. A family of timid sea turtles had made their home in the wreck, their shells gleaming in the dim light. At first, they were wary of the daring dolphin intruding on their territory, but Dazzle's friendly nature soon won them over.

Together, Dazzle and the sea turtles explored the depths of the wreck, their days filled with adventure and excitement. They swam through hidden passageways, dodged curious octopuses, and even stumbled upon a long-forgotten treasure map hidden among the debris.

With the help of his new friends, Dazzle deciphered the map and set off on a daring quest to uncover the treasure it promised. They braved treacherous currents, outwitted cunning sharks, and faced countless challenges along the way. But through it all, Dazzle remained undaunted, his spirit shining as bright as the sun above.

Finally, after many trials and tribulations, Dazzle and his friends reached the treasure's hiding place—a hidden cave nestled deep within the coral reef. With a triumphant leap, Dazzle dived into the cave, his heart soaring with anticipation.

And there, nestled among the shimmering sands, lay the greatest treasure of all—a chest filled with precious pearls, sparkling gems, and ancient artifacts. But as Dazzle gazed upon the riches before him, he realized that the true treasure wasn't the gold or the jewels, but the friends he had made along the way.

With a grateful heart, Dazzle shared the treasure with his sea turtle friends, knowing that their friendship was worth more than all the riches in the world. And as they swam back to the surface, their hearts full of joy and laughter, Dazzle knew that he would always cherish the memories of his daring adventure beneath the waves.

For Dazzle the Daring Dolphin, the greatest adventure of all was the journey itself, and the friends who made it truly unforgettable.

The end.

Dazzle il Delfino Audace

Nelle scintillanti acque del Mar dei Caraibi, dove il sole danzava sulle onde e le barriere coralline pullulavano di vita, viveva un delfino di nome Dazzle. Ora, Dazzle non era un delfino comune. Mentre il suo gruppo trascorreva le giornate nuotando graziosamente nell'oceano e cacciando pesci, Dazzle aveva uno spirito audace che lo distingueva: amava esplorare!

Dal momento della sua nascita, Dazzle era attratto dai misteri dell'abisso. Mentre il suo gruppo giocava in acque familiari, Dazzle si avventurava sempre più lontano dalla sicurezza della barriera corallina, desideroso di scoprire cosa si nascondesse oltre l'orizzonte. Le sue avventure coraggiose spesso lasciavano la sua famiglia a scuotere la testa con esasperazione, ma Dazzle non ci faceva caso. Era determinato a tracciare il suo percorso e vedere il mondo al di là della superficie scintillante.

Una mattina soleggiata, mentre Dazzle giocava tra le onde, avvistò qualcosa che brillava in lontananza. Incuriosito, nuotò più vicino, con il cuore che gli batteva forte dall'emozione. Con sua gioia, scoprì un relitto sommerso che giaceva sul fondo dell'oceano, con le sue travi avvolte di alghe e il suo scafo casa di una variegata serie di creature marine.

Senza esitazione, Dazzle si tuffò nel relitto, la sua curiosità spingendolo sempre più in profondità nei suoi corridoi oscuri. Esplorò ogni angolo, il cuore che gli batteva forte ad ogni nuova scoperta. Dai forzieri nascosti agli artefatti dimenticati, il relitto nascondeva un tesoro di segreti in attesa di essere scoperti.

Ma mentre Dazzle si addentrava sempre più nel relitto, presto si rese conto di non essere solo. Una famiglia di timide tartarughe marine aveva fatto casa nel relitto, i loro gusci brillavano nella luce fioca. All'inizio erano diffidenti del delfino audace che invadeva il loro territorio, ma la natura amichevole di Dazzle li conquistò presto.

Insieme, Dazzle e le tartarughe marine esplorarono le profondità del relitto, le loro giornate riempite di avventura ed eccitazione. Nuotarono attraverso passaggi nascosti, schivarono polpi curiosi e persino inciamparono in una mappa del tesoro dimenticata tra i detriti.

Con l'aiuto dei suoi nuovi amici, Dazzle decifrò la mappa e si mise in viaggio per una coraggiosa avventura per scoprire il tesoro promesso. Affrontarono correnti insidiose, ingannarono squali astuti e affrontarono innumerevoli sfide lungo il cammino. Ma attraverso tutto questo, Dazzle rimase imperturbabile, il suo spirito brillava lumin

oso come il sole sopra.

Finalmente, dopo molte prove e tribolazioni, Dazzle e i suoi amici raggiunsero il nascondiglio del tesoro: una grotta nascosta tra le sabbie scintillanti, incastonata nella barriera corallina. Con un balzo trionfante, Dazzle si tuffò nella grotta, il cuore colmo di anticipazione.

E lì, adagiato tra le sabbie scintillanti, giaceva il più grande tesoro di tutti: un baule pieno di perle preziose, gemme scintillanti e antichi artefatti. Ma mentre Dazzle contemplava le ricchezze davanti a lui, si rese conto che il vero tesoro non erano l'oro o i gioielli, ma gli amici che aveva fatto lungo il cammino.

Con un cuore grato, Dazzle condivise il tesoro con i suoi amici tartaruga marina, sapendo che la loro amicizia valeva più di tutte le ricchezze del mondo. E mentre nuotavano di nuovo in superficie, il cuore pieno di gioia e risate, Dazzle sapeva che avrebbe sempre custodito i ricordi della sua audace avventura sotto le onde.

Per Dazzle il Delfino Audace, la più grande avventura di tutte era stata il viaggio stesso e gli amici che lo avevano reso davvero indimenticabile.

La fine.

Oswald the Wise Owl

In the heart of the enchanted forest, where the moon cast silver beams through the ancient trees and the stars twinkled like diamonds in the sky, there lived an owl named Oswald. Now, Oswald wasn't your typical owl. While his fellow owls spent their nights hunting for mice and hooting from the treetops, Oswald had a wisdom that set him apart—he loved to read!

From the moment he was old enough to flutter from his nest, Oswald had a voracious appetite for books. He would spend hours nestled among the shelves of the forest library, his beak buried in dusty tomes and ancient scrolls. While other owls honed their hunting skills, Oswald devoured tales of adventure, mystery, and magic, his imagination soaring with each turn of the page.

But Oswald's love for reading often left him feeling lonely. While his fellow owls frolicked in the moonlit glades, Oswald would lose himself in the world of books, his only companions the characters that danced across the pages. His family and friends would shake their heads in bewilderment, wondering why Oswald preferred the company of books to the company of his fellow owls.

One starry night, as Oswald perched on a branch beneath the silver moon, he heard a rustling in the bushes below. Curious, he peered down and saw a group of woodland creatures huddled together, their eyes wide with fear. It seemed that a mischievous band of forest trolls had been causing trouble, stealing food and scaring the smaller animals.

Determined to help, Oswald swooped down from his perch and landed in front of the trembling creatures. With a calm voice, he assured them that they had nothing to fear. He had read about trolls in his books, and he knew just the thing to outsmart them.

Gathering the woodland creatures around him, Oswald hatched a plan. Using his knowledge of troll lore and his quick thinking, he devised a clever trap to catch the troublesome trolls and send them packing. And when the trolls stumbled into the trap, their plans foiled by the wise owl and his friends, they fled into the night, never to be seen again.

From that day on, Oswald became known as Oswald the Wise Owl, the hero of the enchanted forest. His fellow owls looked to him for guidance and wisdom, while the other creatures of the forest sought his advice and counsel. And though Oswald still loved to read, he found that there was no greater adventure than helping others and using his wisdom to make the world a better place.

As he soared through the night sky, his wings outstretched and his heart full of joy, Oswald knew that he had found his true calling. For he was not just a reader or a dreamer—he was Oswald the Wise Owl, the guardian of the enchanted forest and the keeper of its secrets.

And as the moon dipped below the horizon and the first light of dawn painted the sky in shades of pink and gold, Oswald smiled to himself, knowing that no matter what adventures lay ahead, he would face them with courage, wisdom, and a good book by his side.

The end.

37

Oswald il Gufo Saggio

Nel cuore della foresta incantata, dove la luna proiettava raggi d'argento attraverso gli alberi antichi e le stelle scintillavano come diamanti nel cielo, viveva un gufo di nome Oswald. Ora, Oswald non era un gufo comune. Mentre i suoi simili trascorrevano le notti cacciando topi e gridando dalle cime degli alberi, Oswald aveva una saggezza che lo distingueva: amava leggere!

Dal momento in cui fu abbastanza grande da spiccare il volo dal suo nido, Oswald ebbe un'insaziabile passione per i libri. Passava ore accoccolato tra gli scaffali della biblioteca della foresta, il becco immerso in tomi impolverati e antichi rotoli. Mentre gli altri gufi affinavano le loro abilità di caccia, Oswald divorava racconti di avventura, mistero e magia, la sua immaginazione volando con ogni pagina che girava.

Ma l'amore di Oswald per la lettura spesso lo faceva sentire solo. Mentre i suoi simili giocavano tra le radure illuminate dalla luna, Oswald si perdeva nel mondo dei libri, i suoi unici compagni i personaggi che danzavano attraverso le pagine. La sua famiglia e i suoi amici scuotevano la testa perplessi, chiedendosi perché Oswald preferisse la compagnia dei libri a quella dei suoi simili gufi.

Una notte stellata, mentre Oswald era posato su un ramo sotto la luna d'argento, sentì un fruscio nei cespugli sotto di lui. Curioso, sbirciò giù e vide un gruppo di creature della foresta accoccolate insieme, gli occhi spalancati per la paura. Sembra che una banda di troll della foresta avesse causato problemi, rubando cibo e spaventando gli animali più piccoli.

Deciso ad aiutare, Oswald scese dal suo posatoio e atterrò di fronte alle creature tremanti. Con voce calma, li rassicurò che non avevano nulla da temere. Aveva letto dei troll nei suoi libri, e sapeva esattamente cosa fare per ingannarli.

Raccogliendo le creature della foresta intorno a lui, Oswald escogitò un piano. Usando la sua conoscenza dei troll e la sua prontezza di spirito, ideò una trappola intelligente per catturare i fastidiosi troll e mandarli via. E quando i troll inciamparono nella trappola, i loro piani rovinati dal gufo saggio e dai suoi amici, fuggirono nella notte, non più per essere visti.

Da quel giorno, Oswald divenne noto come Oswald il Gufo Saggio, l'eroe della foresta incantata. I suoi simili gufi lo guardavano per guidarli e consigliarli, mentre le altre creature della foresta cercav

avano il suo consiglio e la sua consulenza. E sebbene Oswald amasse ancora leggere, scoprì che non c'era avventura più grande che aiutare gli altri e usare la sua saggezza per rendere il mondo un posto migliore.

Mentre volteggiava attraverso il cielo notturno, le sue ali spiegate e il cuore colmo di gioia, Oswald sapeva di aver trovato la sua vera vocazione. Perché non era solo un lettore o un sognatore: era Oswald il Gufo Saggio, il guardiano della foresta incantata e il custode dei suoi segreti.

E mentre la luna scendeva all'orizzonte e le prime luci dell'alba dipingevano il cielo di sfumature di rosa e oro, Oswald sorrise tra sé e sé, sapendo che non importava quali avventure si profilassero all'orizzonte, le avrebbe affrontate con coraggio, saggezza e un buon libro al suo fianco.

La fine.

Astro Andy's Galactic Adventure

In a small town nestled among the rolling hills of the countryside, where the nights were clear and the stars twinkled like diamonds in the sky, there lived a young boy named Andy. Now, Andy wasn't your ordinary boy. While his friends dreamed of becoming firefighters or doctors, Andy had his sights set on the stars—he wanted to be an astronaut!

From the moment he could talk, Andy would regale anyone who would listen with tales of space and the wonders that lay beyond. He would spend hours gazing up at the night sky, imagining himself rocketing through the cosmos on a grand adventure. And though his friends and family would chuckle at his lofty aspirations, Andy remained undeterred. He was determined to reach for the stars and explore the great unknown.

As Andy grew older, his passion for space only deepened. He devoured books on astronomy, built model rockets in his backyard, and even convinced his parents to take him to the local planetarium whenever they could. But try as he might, Andy couldn't shake the feeling that he was destined for something more—something out of this world.

One fateful night, as Andy lay in bed staring up at the stars, he made a decision. He was going to become an astronaut, no matter what it took. With a heart full of determination and a head full of dreams, Andy set out to make his dreams a reality.

He studied hard in school, acing his math and science classes with flying colors. He joined the school's astronomy club, where he spent countless nights observing the stars through a telescope and learning about the wonders of the universe. And when he graduated from high school, Andy applied to every space program he could find, determined to prove that he had what it took to reach the stars.

But as the years went by and Andy faced rejection after rejection, his resolve began to waver. It seemed that no matter how hard he tried, his dreams of becoming an astronaut were slipping further and further out of reach. But just when Andy was about to give up hope, a letter arrived in the mail that would change his life forever.

It was an acceptance letter from the prestigious Star Command Academy, the most elite space program in the world. Overjoyed and overwhelmed with gratitude, Andy packed his bags and set off for the academy, ready to embark on the adventure of a lifetime.

At Star Command Academy, Andy threw himself into his training with gusto. From rigorous physical workouts to intense simulations of space missions, he pushed himself to the limit, determined to prove that he belonged among the stars. And as he soared through the ranks, his classmates looked up to him with admiration and respect, inspired by his unwavering determination and boundless enthusiasm.

Finally, after years of hard work and dedication, Andy graduated from Star Command Academy at the top of his class. With his head held high and his heart full of pride, he donned his sleek silver spacesuit and boarded the spaceship that would take him on his first mission into space.

As the countdown began and the engines roared to life, Andy felt a surge of excitement course through his veins. This was it—the moment he had been waiting for his entire life. With a final salute to his fellow astronauts, Andy blasted off into the great unknown, his eyes fixed on the stars as he soared higher and higher into the heavens.

And as he floated weightlessly in the vastness of space, surrounded by the beauty and wonder of the cosmos, Andy knew that he was exactly where he was meant to be. For he was Astro Andy, the boy who dared to reach for the stars and found his dreams waiting for him among the galaxies.

The end.

L'avventura galattica di Astro Andrea

In una piccola città incastonata tra le dolci colline della campagna, dove le notti erano limpide e le stelle scintillavano come diamanti nel cielo, viveva un giovane ragazzo di nome Andrea. Ora, Andrea non era un ragazzo comune. Mentre i suoi amici sognavano di diventare pompieri o medici, Andrea aveva gli occhi puntati sulle stelle - voleva essere un astronauta!

Fin dal momento in cui riuscì a parlare, Andrea raccontava a chiunque lo volesse ascoltare storie dello spazio e delle meraviglie che si trovavano oltre. Passava ore a guardare il cielo notturno, immaginandosi mentre viaggiava attraverso il cosmo in una grande avventura. E sebbene i suoi amici e la sua famiglia ridessero delle sue aspirazioni alte, Andrea rimase determinato. Era deciso a raggiungere le stelle ed esplorare l'ignoto.

Con il passare degli anni, la passione di Andrea per lo spazio si approfondì sempre di più. Divorava libri di astronomia, costruiva modelli di razzi nel suo giardino e persino convinceva i suoi genitori a portarlo al planetario locale ogni volta che potevano. Ma per quanto si sforzasse, Andrea non riusciva a togliersi di dosso la sensazione che fosse destinato a qualcosa di più, qualcosa che andava al di là di questo mondo.

Una notte fatidica, mentre Andrea giaceva a letto guardando le stelle, prese una decisione. Sarebbe diventato un astronauta, non importa quanto ci volesse. Con il cuore pieno di determinazione e la mente piena di sogni, Andrea decise di fare di tutto per rendere i suoi sogni realtà.

Studiò duro a scuola, superando a pieni voti le sue lezioni di matematica e scienze. Si unì al club di astronomia della scuola, dove passava notti innumerevoli osservando le stelle

attraverso un telescopio e imparando sulle meraviglie dell'universo. E quando si diplomò alla scuola superiore, Andrea si candidò in tutti i programmi spaziali che poté trovare, determinato a dimostrare di avere ciò che serviva per raggiungere le stelle.

Ma mentre gli anni passavano e Andrea affrontava rifiuto dopo rifiuto, la sua determinazione iniziò a vacillare. Sembrava che non importasse quanto si impegnasse, i suoi sogni di diventare un astronauta fossero sempre più lontani. Ma proprio quando Andrea stava per perdere la speranza, una lettera arrivò per posta che avrebbe cambiato la sua vita per sempre.

Era una lettera di accettazione dall'illustre Accademia Star Command, il programma spaziale più elite al mondo. Gioioso e sopraffatto dalla gratitudine, Andrea fece le valigie e partì per l'accademia, pronto a intraprendere l'avventura della sua vita.

All'Accademia Star Command, Andrea si immerse nel suo addestramento con entusiasmo. Dalle rigorose sessioni di allenamento fisico alle intense simulazioni di missioni spaziali, si mise alla prova al massimo, determinato a dimostrare di appartenere alle stelle. E mentre avanzava tra i ranghi, i suoi compagni di classe lo guardavano con ammirazione e rispetto, ispirati dalla sua determinazione incrollabile e dal suo entusiasmo senza limiti.

Finalmente, dopo anni di duro lavoro e dedizione, Andrea si laureò all'Accademia Star Command al primo posto della sua classe. Con la testa alta e il cuore pieno di orgoglio, si infilò la sua scintillante tuta spaziale argentata e salì a bordo della navicella spaziale che lo avrebbe portato nella sua prima missione nello spazio.

Mentre il conto alla rovescia cominciava e i motori si accendevano, Andrea sentì un'ondata di eccitazione attraversare le sue vene. Questo era il momento che aveva aspettato per tutta la vita. Con un ultimo saluto ai suoi compagni astronauti, Andrea decollò verso l'ignoto, i suoi occhi fissi sulle stelle mentre si librava sempre più in alto nei cieli.

E mentre fluttuava senza peso nell'immensità dello spazio, circondato dalla bellezza e dalla meraviglia del cosmo, Andrea sapeva di essere esattamente dove doveva essere. Perché era Astro Andrea, il ragazzo che osava tendere la mano alle stelle e che trovava i suoi sogni ad aspettarlo tra le galassie.

La fine.

The Mysterious Case of the Missing Keys

In the bustling town of Willowbrook, where the streets were lined with colorful houses and the air was filled with the sound of laughter and chatter, there lived a young girl named Lily. Now, Lily was known far and wide for her adventurous spirit and her knack for getting into all sorts of mischief. But on this particular day, Lily found herself in a predicament unlike any other—she had lost her keys!

It all started one sunny morning when Lily was getting ready for school. As she reached for her backpack, she realized that her keys were nowhere to be found. She searched high and low, turning her room upside down in the process, but the keys were nowhere to be found. With a sinking feeling in her stomach, Lily knew that she was in trouble.

Frantically, Lily retraced her steps, wracking her brain for any clue as to where her keys could have gone. She checked the kitchen, the living room, and even the garden, but there was no sign of the missing keys. Desperate for help, Lily turned to her friends for assistance.

Together, Lily and her friends embarked on a quest to find the missing keys, scouring every inch of Willowbrook in search of clues. They searched the park, the playground, and even the local ice cream shop, but the keys remained elusive. Just when they were about to give up hope, they stumbled upon a curious sight—a group of squirrels chattering excitedly in the town square.

Intrigued, Lily and her friends approached the squirrels and asked if they had seen anything suspicious. To their surprise, the squirrels nodded eagerly and pointed towards a nearby tree. Curious, Lily followed their gaze and gasped in astonishment—the tree was covered in keys of all shapes and sizes, dangling from the branches like strange fruit!

Determined to solve the mystery of the missing keys, Lily and her friends sprang into action. They climbed the tree, dodging branches and braving the heights, until they reached the top where the keys were clustered. With a bit of teamwork and a lot of determination, they managed to retrieve Lily's keys and return them to their rightful owner.

But as they descended from the tree, Lily couldn't shake the feeling that something wasn't quite right. Why were there so many keys in the tree? And who had put them there in the first place? Determined to get to the bottom of the mystery, Lily and her friends set out to uncover the truth.

As they investigated further, they discovered that the keys in the tree belonged to other residents of Willowbrook who had also lost their keys. It seemed that someone—or something—had been collecting them and hiding them away in the tree for safekeeping. But why?

With a bit of detective work and a lot of sleuthing, Lily and her friends finally cracked the case. It turned out that a mischievous group of fairies had been playing pranks on the townsfolk, stealing their keys and hiding them in the tree as part of a game. But when they realized the trouble they had caused, the fairies apologized profusely and promised to return the keys to their rightful owners.

And so, with the mystery solved and the keys safely returned, peace was restored to the town of Willowbrook once more. Lily and her friends celebrated their victory with a grand feast in the town square, where they regaled the townsfolk with tales of their daring adventure and toasted to the power of friendship and teamwork.

And as the sun set on another day in Willowbrook, Lily smiled to herself, knowing that no matter what challenges lay ahead, she could always count on her friends to help her through. For in the end, it wasn't the keys that were important—it was the journey they had taken together to find them.

The end.

Il Misterioso Caso delle Chiavi Smarrite

Nella vivace città di Willowbrook, dove le strade erano fiancheggiate da case colorate e l'aria era piena del suono di risate e chiacchiere, viveva una giovane ragazza di nome Lilli. Ora, Lilli era conosciuta in lungo e in largo per il suo spirito avventuroso e il suo talento nel finire in tutti i tipi di guai. Ma in questo particolare giorno, Lilli si trovava in un predicamento diverso da tutti gli altri - aveva perso le sue chiavi!

Tutto è iniziato una mattina soleggiata quando Lilli si stava preparando per la scuola. Mentre raggiungeva lo zaino, si è resa conto che le sue chiavi non erano da nessuna parte. Ha cercato dappertutto, girando la sua stanza a testa in giù nel processo, ma le chiavi non erano da nessuna parte. Con una sensazione di sconforto nello stomaco, Lilli sapeva che era nei guai.

Freneticamente, Lilli ha ripercorso i suoi passi, tormentando il suo cervello per qualsiasi indizio su dove potrebbero essere finite le sue chiavi. Ha controllato la cucina, il soggiorno e persino il giardino, ma non c'era traccia delle chiavi mancanti. Disperata per un aiuto, Lilli si è rivolta ai suoi amici per assistenza.

Insieme, Lilli e i suoi amici si sono impegnati in una missione per trovare le chiavi smarrite, perlustrando ogni angolo di Willowbrook alla ricerca di indizi. Hanno cercato nel parco, sul parco giochi e persino nel gelato locale, ma le chiavi sono rimaste elusiva. Proprio quando stavano per perdere ogni speranza, hanno imbattuto in una vista curiosa: un gruppo di scoiattoli che chiacchieravano eccitati nella piazza della città.

Intrigati, Lilli e i suoi amici si sono avvicinati agli scoiattoli e hanno chiesto se avessero visto qualcosa di sospetto. Per loro sorpresa, gli scoiattoli annuirono con entusiasmo e indicarono un albero vicino. Curiosa, Lilli seguì il loro sguardo e restò senza parole di fronte alla sorpresa: l'albero era coperto di chiavi di tutte le forme e dimensioni, appese ai rami come frutti strani!

Determinati a risolvere il mistero delle chiavi mancanti, Lilli e i suoi amici si sono messi all'opera. Hanno arrampicato l'albero, schivando rami e affrontando le altezze, finché non hanno raggiunto la cima dove erano raggruppate le chiavi. Con un po' di lavoro di squadra e molta determinazione, sono riusciti a recuperare le chiavi di Lilli e a restituirle alla loro legittima proprietaria.

Ma mentre scendevano dall'albero, Lilli non poteva fare a meno di sentire che qualcosa non andava.

Perché c'erano così tante chiavi nell'albero? E chi le aveva messe lì? Determinata a risolvere il mistero, Lilli e i suoi amici si sono messi all'opera per scoprire la verità.

Continuando le loro indagini, hanno scoperto che le chiavi nell'albero appartenevano ad altri residenti di Willowbrook che avevano anche perso le loro chiavi. Sembra che qualcuno - o qualcosa - le avesse raccolte e nascoste nell'albero per tenerle al sicuro. Ma perché?

Con un po' di lavoro da detective e molte indagini, Lilli e i suoi amici finalmente risolsero il caso. Si scoprì che un gruppo di folletti birichini aveva giocato scherzi agli abitanti del villaggio, rubando le loro chiavi e nascondendole nell'albero come parte di un gioco. Ma quando si resero conto dei guai che avevano causato, i folletti si scusarono profondamente e promisero di restituire le chiavi ai legittimi proprietari.

E così, con il mistero risolto e le chiavi restituite in sicurezza, la pace fu ristabilita nella città di Willowbrook. Lilli e i suoi amici celebrarono la loro vittoria con un grande banchetto nella piazza del paese, dove raccontarono agli abitanti del villaggio le loro audaci avventure e brindarono al potere dell'amicizia e del lavoro di squadra.

E mentre il sole tramontava su un altro giorno a Willowbrook, Lilli sorrise tra sé e sé, sapendo che non importava quali sfide si prospettassero all'orizzonte, poteva sempre contare sui suoi amici per aiutarla. Perché alla fine, non erano le chiavi a essere importanti: era il viaggio che avevano intrapreso insieme per trovarle.

La fine.

Danny the Dragon's Daring Adventure

In a far-off kingdom, nestled between towering mountains and enchanted forests, lived a dragon named Danny. Danny wasn't like other dragons; he was small, curious, and had a heart full of kindness. Instead of breathing fire to scare people away, Danny used his flames to toast marshmallows for the children in the village of Bramblebrook.

The villagers adored Danny, and he was a beloved member of their community. He would often fly over the village, casting a protective shadow and performing aerial acrobatics that left everyone in awe. Danny's best friend was a young girl named Lily, who loved to ride on his back as they explored the skies and discovered new places.

One sunny morning, as Danny and Lily were playing by the river, a messenger from the king arrived in a flurry of dust. He brought troubling news: a fearsome dragon named Grizzle had been causing havoc in the neighboring kingdom of Eldoria. Grizzle was huge, with scales as dark as night and a roar that could shake the mountains. He had taken over Eldoria's castle and demanded that the people bring him all their treasures.

The king of Eldoria had sent out a plea for help, and the villagers of Bramblebrook turned to Danny. They believed that if anyone could stand up to Grizzle, it was their kind and brave dragon.

Danny, though small and gentle, felt a surge of determination. He couldn't let Grizzle terrorize Eldoria and its people.

With Lily by his side, Danny set off on his daring adventure to confront Grizzle and bring peace to Eldoria. The journey was long and filled with challenges. They had to cross the Dark Forest, where shadows danced and whispered secrets. They navigated through the Misty Mountains, where the paths were treacherous and visibility was low. But Danny and Lily pressed on, their spirits high and their hearts resolute.

When they finally reached Eldoria, they found the kingdom in despair. The once-thriving castle was now a gloomy fortress under Grizzle's control. Danny and Lily knew they had to act quickly. They devised a plan to sneak into the castle and confront Grizzle.

Under the cover of darkness, Danny and Lily slipped past the guards and made their way to the throne room. There, they found Grizzle lounging on a pile of gold and jewels, looking bored and irritable. Danny took a deep breath, his small chest puffing out with courage, and stepped forward.

"Grizzle!" Danny called out, his voice echoing through the hall. "Leave these people in peace and return to your own lair!"

Grizzle turned his massive head and laughed, a deep, rumbling sound that sent shivers down Danny's spine. "And who are you to challenge me?" Grizzle sneered. "You're nothing but a small, insignificant dragon."

Danny stood his ground, his eyes blazing with determination. "I may be small, but I have the heart of a true dragon. I won't let you hurt these people anymore."

With a roar, Grizzle lunged at Danny. The two dragons clashed, their scales shimmering in the dim light. Grizzle's strength was overwhelming, but Danny's agility and quick thinking gave him an edge. He darted and dodged, using his small size to his advantage.

As the battle raged on, Lily noticed something important. The jewels and gold seemed to be the source of Grizzle's power. She quickly shared her observation with Danny, who realized they needed to remove the treasure from Grizzle's grasp.

With a swift and daring move, Danny led Grizzle away from the pile of treasure, while Lily and the villagers worked together to move the gold and jewels out of the castle. Deprived of his power source, Grizzle began to weaken. Danny seized the opportunity and with one final, mighty effort, he drove Grizzle out of the castle and far away from Eldoria.

The people of Eldoria cheered as Danny and Lily emerged victorious. The king himself came forward to thank them, his eyes filled with gratitude. "You have saved our kingdom," he said, placing a golden crown on Danny's head. "You are a true hero."

With peace restored, Danny and Lily returned to Bramblebrook, where they were welcomed with open arms. The villagers celebrated their bravery and marveled at their tales of adventure. From that day on, Danny was known as the bravest dragon in the land, and his story became legend.

And so, Danny the Dragon continued to live in Bramblebrook, still toasting marshmallows and watching over his friends, but now with a new sense of pride and accomplishment. For he had shown that true bravery comes in all sizes and that even the smallest dragon can make a big difference.

The End.

L'Audace Avventura di Danny il Drago

In un regno lontano, incastonato tra montagne imponenti e foreste incantate, viveva un drago di nome Danny. Danny non era come gli altri draghi; era piccolo, curioso e aveva un cuore pieno di gentilezza. Invece di sputare fuoco per spaventare la gente, Danny usava le sue fiamme per tostare marshmallow per i bambini del villaggio di Bramblebrook.

I villaggi adoravano Danny ed era un membro amato della loro comunità. Spesso volava sopra il villaggio, gettando un'ombra protettiva e compiendo acrobazie aeree che lasciavano tutti a bocca aperta. Il migliore amico di Danny era una giovane ragazza di nome Lilli, che amava cavalcare sulla sua schiena mentre esploravano i cieli e scoprivano nuovi posti.

Una mattina soleggiata, mentre Danny e Lilli giocavano vicino al fiume, un messaggero del re arrivò in una nuvola di polvere. Portava notizie preoccupanti: un drago spaventoso di nome Grizzle stava causando il caos nel regno vicino di Eldoria. Grizzle era enorme, con scaglie nere come la notte e un ruggito che poteva scuotere le montagne. Aveva preso il controllo del castello di Eldoria e chiedeva che la gente gli portasse tutti i loro tesori.

Il re di Eldoria aveva inviato una richiesta di aiuto, e gli abitanti di Bramblebrook si rivolsero a Danny. Credevano che se qualcuno potesse affrontare Grizzle, fosse il loro drago gentile e coraggioso. Danny, anche se piccolo e delicato, sentì un'ondata di determinazione. Non poteva permettere che Grizzle terrorizzasse Eldoria e la sua gente.

Con Lilli al suo fianco, Danny partì per la sua audace avventura per affrontare Grizzle e portare la pace a Eldoria. Il viaggio era lungo e pieno di sfide. Dovevano attraversare la Foresta Oscura, dove le ombre danzavano e sussurravano segreti. Navigarono attraverso le Montagne Nebbiose, dove i sentieri erano pericolosi e la visibilità era scarsa. Ma Danny e Lilli proseguirono, con gli spiriti alti e i cuori risoluti.

Quando finalmente raggiunsero Eldoria, trovarono il regno nella disperazione. Il castello, un tempo fiorente, era ora una fortezza cupa sotto il controllo di Grizzle. Danny e Lilli sapevano che dovevano agire in fretta. Progettarono un piano per entrare di nascosto nel castello e affrontare Grizzle.

Sotto il manto della notte, Danny e Lilli scivolarono oltre le guardie e si fecero strada verso la sala del trono. Lì trovarono Grizzle adagiato su un mucchio di oro e gioielli, che sembrava annoiato e irritabile. Danny prese un profondo respiro, il suo piccolo petto gonfio di coraggio, e si fece avanti.

"Grizzle!" chiamò Danny, la sua voce che echeggiava nella sala. "Lascia in pace queste persone e torna nella tua tana!"

Grizzle voltò la sua enorme testa e rise, un suono profondo e rimbombante che fece rabbrividire Danny. "E chi sei tu per sfidarmi?" ridacchiò Grizzle. "Non sei altro che un piccolo drago insignificante."

Danny rimase fermo, i suoi occhi che brillavano di determinazione. "Potrei essere piccolo, ma ho il cuore di un vero drago. Non ti lascerò fare del male a queste persone."

Con un ruggito, Grizzle si lanciò contro Danny. I due draghi si scontrarono, le loro scaglie che scintillavano nella luce fioca. La forza di Grizzle era schiacciante, ma l'agilità e l'intelligenza di Danny gli davano un vantaggio. Schivava e evitava i colpi, usando la sua piccola taglia a suo vantaggio.

Mentre la battaglia infuriava, Lilli notò qualcosa di importante. I gioielli e l'oro sembravano essere la fonte del potere di Grizzle. Condivise rapidamente la sua osservazione con Danny, che capì che dovevano rimuovere il tesoro dalla presa di Grizzle.

Con un movimento rapido e audace, Danny portò Grizzle lontano dal mucchio di tesori, mentre Lilli e i villaggi lavoravano insieme per spostare l'oro e i gioielli fuori dal castello. Privato della sua fonte di potere, Grizzle iniziò a indebolirsi. Danny colse l'opportunità e, con un ultimo sforzo possente, cacciò Grizzle fuori dal castello e lontano da Eldoria.

La gente di Eldoria acclamò mentre Danny e Lilli emergevano vittoriosi. Lo stesso re si fece avanti per ringraziarli, i suoi occhi pieni di gratitudine. "Avete salvato il nostro regno," disse, mettendo una corona d'oro sulla testa di Danny. "Sei un vero eroe."

Con la pace ristabilita, Danny e Lilli tornarono a Bramblebrook, dove furono accolti a braccia aperte. Gli abitanti del villaggio celebrarono il loro coraggio e si meravigliarono delle loro storie di avventura. Da quel giorno, Danny fu conosciuto come il drago più coraggioso del regno, e la sua storia divenne leggenda.

E così, Danny il Drago continuò a vivere a Bramblebrook, ancora a tostare marshmallow e a vegliare sui suoi amici, ma ora con un nuovo senso di orgoglio e realizzazione. Perché aveva dimostrato che il vero coraggio viene in tutte le dimensioni e che anche il drago più piccolo può fare una grande differenza.

La fine.

www.ingramcontent.com/pod-product-compliance
Lightning Source LLC
Chambersburg PA
CBHW052226150726
48002CB00003B/1303